구례 가는 길

구례 가는 길

초판 1쇄 인쇄일_ 2025년 5월 5일
초판 1쇄 발행일_ 2025년 5월 10일

지은이_ 박원석
펴낸이_ 나호열
펴낸곳_ 도서출판 무이재
표지디자인_ 중천 김창현
편 집_ 단청 맹경화

출판등록_ 2017년 3월 20일 제2017-9호
01416 서울시 도봉구 노해로 70길12
E-mail_ zonechingu@hanmail.net

제작보급_ 도서출판 무이재
값 12,000원

이 책자는 저작권법에 의해 보호를 받는 저작물로
저자와 출판사의 허락 없이 내용의 일부를 인용하거나
발췌하는 것을 금합니다.

♣책 가격은 뒤 표지에 표시되어 있습니다.
♣지은이와 협의에 의해 인지는 생략합니다.
♣잘못된 책은 교환해 드립니다.

박원석 시집

구례 가는 길

무이재

시인의 말

아버지 같은 지리산과 어머니 젖줄 같은 섬진강이 흐르는 내 고향 구례에서 싹튼 사랑이 오십 년 동안 가슴에 묻힌 채 지나 왔습니다.
그리움으로 계절마다 꽃을 피우고 나비가 되어 날아다녔습니다. 이제 백발이 되니 날갯짓도 힘들어집니다.
부끄럽고 조심스럽지만 이 시집이 사랑의 문을 여는 열쇠가 되기를 소망합니다.

늙은 소년의 가슴에 피어있는 사랑이 세상에 나올 수 있도록 힘써 주신 나호열 시인님께 먼저 감사의 말씀을 드립니다. 컴퓨터에 눈을 뜨게 해주신 조재일 원장님, 임애란 선생님, 일일이 교정을 보아주신 최윤경 시인님, 몸이 불편한 저를 위해 기꺼이 운전을 맡아주신 권영택님, 곁에서 용기를 북돋아준 배홍길, 최형진 군, 함께 시심을 일구어 준 시원문학회 문우님들, 변함없이 응원해준 아들과 딸, 사위 고맙습니다. 끝으로 영원한 십팔 세 소년의 자유로운 영혼을 감싸주고 화목한 가정을 이끌어준 아내의 헌신에 깊은 사랑을 바칩니다.

을사년 봄을 지나며
박원석

차 례

시인의 말 • 5
跋文(나호열) • 128

**제1부
유치원 가는 길**
─
유치원 가는 길 • 13
하나비지 • 14
내 마음 속에 그네 있어요 • 16
외손녀와 구름 • 17
천국 • 18
설날 아침 • 19
아들을 위한 기도 • 20
매달리고 • 22
꽃을 보며 경건해진 이유 • 23
망가진 지갑 • 24
어머니의 여름 • 25
큰 누나 • 26
애환 • 27
선반 삼단장 • 28
하루의 감사 • 29
계산대 앞에서 • 30
합장 • 31

원석이 금강석 되던날 • 32
한여름에 눈 내리다 • 33
어느 여름밤의 협주곡 • 34
한가위만 같아라 • 35
성격 차이 • 36
누렁이를 살린 용감한 어린이 • 37
일흔 살의 여정 • 38
국화꽃 지다 • 39

**제2부
마음의 땅**

산모의 표정 • 43
어느 요양보호사의 눈물 • 44
지구의 분노 • 45
종소리 • 46
동대문구에는 사람이 없는가? • 47
마음의 땅 • 49
성탄절 준비 기도 • 50
자물쇠가 안 열린 이유 • 51
웃음 운동 • 52
웃음 소통법 • 54
웃음합창단 • 56
청춘 • 57
빛나는 한글 • 58

홍릉 터 • 59
고난의 십자가 • 60
시작(詩作) • 62
시인R • 63
서울 구경 • 64
웃음잔치 • 65
가장 아름다운 기억 • 66
새해를 맞이하는 기도 • 67
멀리 가는 길 • 68
인연 • 69
박원기 도가니탕, 설렁탕 • 70
원점 • 71
소리꾼 이 선생 • 72
한 걸음씩 • 73

**제3부
부치지 못한 연서**
—

운동회 날 • 77
안개꽃 지다 • 78
사랑이 내게로 왔네 • 80
섬진강 • 81
그리움 • 82

가슴앓이 • 83
행복한 변명 • 84
목포역에서 구례구역까지 • 85
부치지 못한 연서 • 86
샘솟는 우물 • 87
김치 돈키호테 • 88
짝사랑 • 89
첫눈 • 90
첫사랑 • 91
풋사랑 • 92
정월 대보름 풍경 • 93
행복한 기다림 • 95
바보의 기다림 • 96
저 별은 나의 별 • 97
한 소녀 • 98
우정에 답하다 • 99
고향 생각 • 100
찰나의 인연 • 101
구례 • 103
순수 촌놈의 사랑법 • 104
숯불 같은 사랑 • 105
태산이 무너졌다 • 106

**제4부
눈 오는 날에**
—

봄비 내리는 날엔 • 109
숲속의 봄 • 110
물오리 가족 • 111
봄비 • 112
눈 내린 날 • 113
 나의 소망 • 114
첫 사랑 • 115
그리움은 아직 끝나지 않았네 • 116
동백꽃 사랑 • 117
김치의 사랑법 • 118
숯덩이 • 119
코스모스 연정 • 120
매화 향기 • 121
눈 오는 날에 • 122
가을비 애가 • 123
꽃 한 송이 피어 있네 • 124
손 내밀다 • 125
열아홉 소년의 첫순정 • 126
형제의 이야기 • 127

제1부
유치원 가는 길

유치원 가는 길

2016년 12월7일 아침
계절로 보면 겨울이다.
여섯 살 외손녀 하은이는 가로수 낙엽 지는 것을 보며
아직 가을이라고 우긴다.

차창 밖
함박눈이 펑펑 내리자
할아버지!
할아버지!
눈 내리는 것을 보니 겨울 이예요.

하
하
하
외할아버지의 마음이 함박눈 되다.

하나비지

하나비지!
하나비지!
세 살 된 외손녀 지은이가
처음 불러준 이름
하나비지!
서툴게 부르지만
기특하지 않는가
하나비지!
하
하하하
하하하하
하나비지 !
유쾌한 순간이다

이런 외손녀 지은이가
사랑한다는 편지를 보내왔다
가슴이 먹먹해 온다
처음 받은 편지

한글을 깨우쳐 준
선생님들께 머리가 숙여진다

하나비지

내 마음 속에 그네 있어요

코로나바이러스로 세상이 시끄러울 때
학교에 가지 못하고 집에서 공부를 한다
초등학교 삼학년 외손녀 하은이
할아버지 집에서 동화책을 보다가
갑자기 큰소리로
할아버지!
할아버지!
내 마음속에 그네가 보여요
엄마 아빠 할아버지 동생이 있지만
맨 첫 자리에 그네가 있어요
구름 한 점 없는 맑은 하늘이
하늘스럽게 웃고 있네요

외손녀와 구름

파란 하늘에 새털구름
하늘을 쳐다보던 일곱 살 외손녀 하은이
할아버지, 할아버지, 저 하늘 좀 보세요
구름이 7자를 만들어 놓았어요
하하하하
구름도 외손녀처럼
숫자를 배우는 중인가 봐요

천국

네 살된 외손녀 지은이
할아버지 술래
나는 할아버지 방에 숨는다
꼭꼭 숨어라
머리카락 보인다
다 숨었니?
예 할아버지 삼춘방에 숨었어요
꼭꼭 숨어라
머리카락 보인다
다 숨었니?
예 할아버지 거울 안에 숨었어요

설날 아침

　국민학교 졸업을 앞둔 어린 시절 아버지는 나를 데리고 산더미 같은 나무 한 지게를 지고 삼십 리 산골 길을 걸어 구례 대목장에 갔다. 겨우내 땔감을 내다 판 돈으로 시장에 걸린 잠바 하나를 입어보라 하셨다 따뜻했다. 아버지는 얼마냐고 묻더니 잠시 후 밖으로 나오라고 해놓고 옷 가게 주인에게 모자란 돈을 외상으로 달라고 하는데도 여의치가 않으신지 점심시간 훌쩍 지났는데도 나오시지 않고 있다. 어린 마음에도 이건 아닌데 했지만 어쩌지 못했다. 돌아오는 겨울 산길은 따뜻했다.

　아버지보다 더 많은 나이 되어 맞이하는 설날 아침
　아버지의 영정 앞에 서니
　어린 시절 설빔으로 잠바 한 벌 입히고 싶어 하셨던
　아버지 마음 지금도 따뜻하게 남아있다

아들을 위한 기도

무슨 일을 하든 간섭하지 않게 하시며
가족공동체에 속해 있는 인격체로서
소유물이 아니라는 사실을 깨닫게 하소서
그리하여 아들과 대화하는 자연스러움이
묻어나게 하시며 어떠한 경우라도
긍정의 믿음을 갖게 하소서
다양한 직업군 속에서 일인 기업을 선택하더라도
깊은 신뢰와 믿음의 박수를 보내게 하소서
그리하여 실패하더라도 성공은 실패를 딛고
일어나는 과정임을 스스로 깨닫게 하소서
인스턴트 음식과 음료를 먹더라도
나쁘다고 설득하지 않게 하시고
스스로 깨닫게 하소서
그리하여 나답게 사는 것이
분수를 알기 때문이란 것을 깨우쳐 주소서
분수를 모르고 판단력이 흐려질 때
야훼 하느님께 기도드리는 겸손함을 갖게 하소서
사랑하는 아들아 주님께서 명령하신다
"강하고 담대하라 두려워하지 말며

놀라지 말라 아들아 네가 어디를 가든지 주 너의 하느님이 너와 함께 있어 주겠다"(여호수아1.9)

매달리고

패랭이꽃 한 송이 피우기 위해
태양이 매달리고
바람이 매달리고
빗방울이 매달린다

한 편의 시(詩)가
패랭이 꽃송이처럼 피어나기 위해
부모님이 매달리고
형님 두 분이 매달리고
누나 두 분이 매달리고
친구 양박사가 매달리고
누구보다 곁에서 온 힘을 다해
헌신해온 아내가 매달렸다

꽃을 보며 경건해진 이유

봄이 오면 앙상한 가지 끝에 꽃이 먼저 피어서
순백의 향기로 세상에 인사할 때 비로소 목련이라 부르리
나는 시련 앞에 곧잘 무릎 꿇지만
혹한의 추위에도
한 송이 꽃을 피우기 위해 견디고
자신을 낮추어 칼바람 비켜가 비로소 꽃망울 터트려
감추어진 여인의 빛깔 고운 꽃이 속살 드러낼 때
자연이 주는 위대함 앞에 머리 숙이네

망가진 지갑

자동차 기름을 넣기 위해 주유소엘 갔다.
주유소에서 적립카드를 찾는데 찾을 수 없었다.
세차를 하는 동안도 끝난 후에도 찾지 못했다.
집에 도착하자마자 가로세로 십 센티 밖에 되지 않는
지갑을 분해하기 시작했다. 그동안 보이지 않던
적립카드는 한 번도 확인하지 않았던 칸 속에서 나왔다.
"나이 들어가면 눈 어두워지고, 귀 들리지 않으니
모든 행동은 조금씩 누그러뜨려서 넉넉하게
조급함에서 한발 물러나 천천히 생각했어야 하는데
돈은 잘 다스려야 주인을 따라다닌다
선물 받은 지갑은 망가져 있었다.

어머니의 여름

무더위가 기승을 부리는 여름이 오면
어머니는 큰누나와 함께 물맞이를 가셨다.
당신이 태어나신 친정 동네,
당신 남편의 봉분이 있는 곳,
동산부락 뒷산 중턱에 올라가면
왼쪽에 아버지 산소가 있고
반대편 계곡에 작은 폭포처럼 떨어지는 물에
등을 내밀어 더운 몸을 식히셨다.
물맞이 하다가 배가 고파오면
간식으로 가져간 밀가루, 호박으로 수제비를 만들어 먹고
서산에 해가 기울 때까지 물맞이를 하셨다.
무던히도 땀 많은 어머니는 가슴안의 땀까지
시원해질 때까지 몸을 맡겼다.
올해 여름처럼 무더운 여름이 되면
어머니 모습 떠오른다.

큰 누나

서울까지 유학 보내 공부시켰더니
겨우 김치 담그러 내려왔느냐
지리산이 울리도록 호통을 치시면서도
김치 한 접, 고들빼기 오십 단 담아주시던 큰누나
구례에서 밤 기차 타고 된장, 고추장 참기름 이고 지고 오시던
들풀 같던 억센 힘은 어데 가고
참기름이 없어 못 주어 미안허다
된장 고추장 김치 못 담가줘서 어떡허니
떠나오는 등 뒤에 들려오는 구순 누님의 음성
큰 소리로 호통치시던
큰 누나 쩌렁쩌렁한 목소리가 자꾸만 뒷목을 잡습니다

애환

파킨슨병으로 왼쪽 몸이 불편해져
상의를 입을 때마다 왼쪽 소매를 먼저 끼워야만 하는 불편함이
설움과 애환으로 찾아올 즈음
언제나 균형을 잃지 않고 평온한 사무장님 모습 떠오른다
사제 서품을 며칠 앞두고 기차에서 내리다 그만 한쪽 팔을 잃어
한 손으로 성작을 들 수 없어 사제 서품을 받지 못하고
성당 사무실에서 사십 년을 봉직하고 정년퇴직하신
또 하나의 예수님 작은 성자
잃어버린 한쪽 팔의 균형을 가슴으로 맞춘
그 얼굴엔 오직 평화롭고 밝은 빛
우측 팔만으로는 균형을 이룰 수 없다
좌측 팔이 있어야 건강한 몸을 구성한다
새해에는 꼭 좌측 팔이 정상으로 될 때까지
웃음 운동과 걷기 운동을 끼니보다 더 챙겨야겠다

선반 삼단장

저기 경비실 옆 선반 삼단장
집 베란다에 놓으면 아주 좋겠어요
딸의 권유에 거실로 옮겨놓고 일주일
퇴근한 아들 대뜸
이 선반장 언제 치울거예요
웃는 얼굴로 말했으면 좋았을걸
전 재산을 잃은 후 자기중심적으로 변해버린 사고에
젊은 혈기 한번 밀어내지 못하고
입은 옷 그대로 가게로 나가
노숙인을 자청했다
은발 휘날리는 칠십을 넘긴 늙은 청년
깊은 시름 속에 아직 여름인데도
지팡이를 의지한 겨울 남자 되어 망부석처럼
저기 서 있는 또 한 사람

하루의 감사

텅빈 현관에 모이는 신발들
모두 어디를 다녀왔는지
피곤함이 가득 묻었다
제자리로 돌아온 신발들
감사하는 마음을 담아 신발을
닦고 가지런히 정리하는 시간
삐뚤어진 마음도 정돈된다
오늘도 무사히 지나갔구나
일상의 감사를 배우는 순간
일곱 살 손녀가 신발 정리를
따라 한다

계산대 앞에서

모처럼 저녁 산보 겸 아내와 아메리카 쇼핑몰에 들렸다
쇼핑카트는 어찌나 큰지 장롱을 실어도 되겠다
물건을 담아 계산대 앞에 섰다
고객님, 잠시만 기다려 주세요
금고가 차고 넘쳐서 비운 후 다시 시작하겠습니다

허
허
허
우리 가게도 돈통이 넘쳤으면 좋겠네
맹물만 가득한 카트를 보며 아내가 한마디 한다
카트는 크든 마
돈통은 왜 조그마한 것이여

합장

어머니 땅이 보인다
도착할 시간이다
빈손으로 왔다가
자연으로 돌아가신다
서울 가거든 배곯지 말고
밥 사먹으라고 오십 년 전
쌍가락지 빼주시던
어머니 모습 보인다
어머니 아버지가 헤어지신지
육십 년만에 함께 편히 잠드시겠다
이슬비 내린 지리산 자락 위에
쌍무지개 뜨다

원석이 금강석 되던날

성당 수녀님의 소개로 만난 데레사
마음과 마음이 닿을 즈음
식당 하는 총각에게 딸을 보낼 수 없다하여
데레사집 문턱에서 넘어지고 말았다
손 내밀어 나를 일으킨
그녀의 손에 용기 내어
술 한 병 사 들고 개봉동 양철 대문
큰소리로 두들겨
아버님 어머님 막내 사위 절 받으세요
원석을 금강석으로 빛나게 한 현숙한 여인
데레사를 아내로 맞이한 날
아들딸이 우리에게 와주어서 고맙고
아들 같은 사위 얻는 장인 되어
외손녀 두 아이 재롱 속에 화목한 가정생활
아내 데레사 덕분이네

한여름에 눈 내리다

찰랑대던 검은 머리 엊그제였는데
헤어코스 와서 보니 하이얀 눈이 내렸어라
시집살이 버거워서 섧어 운게 문제였나
평생을 철없는 십 팔세 소년과 해로 한게 문제였나
수원성 감싸 안은 팔달산처럼 포근한 내 사랑
세월이 선물한 은발의 아름다움을 기억하려 하오
윤기 흐르던 머리 이제 자취 없어라

어느 여름밤의 협주곡

매미는 맴맴
귀뚜라미 귀뚤귀뚤
쓰르라미
쓰르람 쓰르람

맴맴 귀뚤귀뚤
쓰르람 쓰르람

어느 여름밤의 협주곡

한가위만 같아라

달님도 둥글둥글
열매도 둥글둥글
가을 햇살 아래
둥글어가는 가을

둥근 달빛 아래
손에 손 잡고
둥글게 둥글게
커다란 원 그리며
강강수월래
강강수월래
환하게 꽃이 핀다

성격 차이

남편은 산
아내는 바다
남편은 뉴스
아내는 연속극
남편은 김치찌개
아내는 스파게티
남편이 잠자자고 말하면
아내는 보던 책마저 읽고 자겠다고 말한다.
쿵 짝
쿵 짝
평생을 함께 장단을 맞춰도
평생 엇박자

누렁이를 살린 용감한 어린이

　초등학교 5학년 내동생 웅이는 학교를 다녀오면 맨 먼저 개집으로 달려간다.
　높이뛰기 하며 반기는 누렁이를 보기 위해서다. 오늘도 학교를 마치고 돌아온 웅이는 가방을 마루에 휙 던지고 개집 쪽으로 달려가는데, 그렇게 높게 뛰며 반기던 누렁이가 보이지 않는다. "형, 왜 누렁이가 보이지 않아?" "응?" 목구멍에서 기어 나오는 목소리로 복날에 먹겠다는 사람이 있어 팔았다는 말을 마치기도 전에 막내 웅이는 "나도 같이 죽겠다" 고 마당을 때굴때굴 구르며 고함을 있는 대로 질러댄다.
　이웃집에서 무슨 일이 났느냐고 물으러 오고, 지나가던 동네 사람들까지 하나둘 모이더니 순식간에 이십여 명이 모여들었다. 이대로 두어서는 진짜로 숨 넘어가겠다며 웅이를 달래도 웅이는 더 크게 누렁이를 찾으며 거의 실신을 할 지경이다. "형이 지금 가서 누렁이를 찾아 올 테니 울지 말고 기다리라"고 안심을 시킨 후 마을 밖으로 뛰기 시작했다. 얼마나 뛰었을까? 개 잡는데 가까이 걸어가고 있는 누렁이, 누렁아~~ 누렁아~~ 누렁이가 고개를 돌려 슬픈 얼굴로 나를 바라본다. 누렁아 집에 가자~ 웅이한테 가자~

일흔 살의 여정

  오십 년 전으로 돌아간 학우들의 짧은 여행길
  추억을 넘나드는 이야기는 새벽이 오는 줄도 모르고 깊어만 갔다
  배낭의 무게에 힘들어하는 친구의 짐을 대신 들어주고
  땀을 닦는 모습에 눈시울이 먼저 젖는다
  산해진미 가득한 밥상보다 더 맛있는 시간들 얼마나 남았을까
  헤아리다가 긴 밤을 꼬박 새웠다
  희미한 빛이 알리는 또 하루가 그냥 고맙다

국화꽃 지다

새벽의 찬 공기속
마지막 숨결 사라지고
고통의 신비를 넘긴 어머니
편안한 얼굴로 잠드셨네
막내딸의 통곡 외손자의 눈물
시간은 멈춘 듯
밤새 밖에 나가야해를 외치시더니
힘들게 해서 미안허네 하셨지
그 말이 마지막이 될 줄 몰랐네
잡았던 손 살며시 내려 놓았네
올해도 국화꽃은 어머니처럼
말없이 피었네

2부
마음의 땅

산모의 표정

배가 불러 옵니다.
詩(시)를 배어 진통을 느끼고 있습니다.
아들인지 딸인지
산모는 신이 났습니다.
혹
아니면
몇 쌍둥이일까?
산모는 아이 분만할 기쁨에
산고의 고통도 뒤로하고
아주 신이 났습니다.

잉태한 지 사십사 년 만에 얻는 이 기쁨
하
하
하
하늘스런 웃음이 절로 납니다.

어느 요양보호사의 눈물

　새벽녘에 전화를 받은 요양보호사는 단숨에 달려와 "어제 점심까지 잘 드시고
　헤어졌는데 " 말을 잇지 못하고 소리 내어 슬피 울었다
　모친이 오십 년이 넘게 약국을 하시다 구십이 다 되어 노환으로 그만두시고
　요양보호사의 도움으로 하루하루를 위로받고 살아온 세월
　그동안 많은 정이 들어서 그렇겠지만 가족들도 울지 않는 조용한 상가(喪家)에
　마음 깊은 곳에서 흘러나온 슬픈 눈물과 울음소리는 결코 외롭지 않는 길을
　떠났음을 알게 해 주고 있었다
　살아서의 인연이 가족보다 나은 것일까

지구의 분노

카악
침 뱃지 마라
당신 얼굴에 침 뱉으면 좋겠니?
크흥
코 풀지 마라
당신 얼굴에 코딱지 붙이면 좋겠니?
에이씨
담배꽁초 버리지 마라
나는 재떨이가 아니다

당신을 우뚝 서게 하는 지구의 얼굴이다

종소리

부활 성야의 종소리는 성당 지붕을 들썩거렸고
신자들의 마음을 춤추게 하였다네
부활 파스카 성야의 종소리는 성당 벽돌들이 들썩거렸고
신자들의 마음은 새로운 세상을 얻게 하였다네
주님 부활 대축일 종소리는 아득히 멀어져 보였던
열린 하늘을 보게 했으며
죄인들의 마음을 축복으로 축성하였다네
주님 부활을 축하하는 축복의 종소리
파이프오르간과 어우러진 성가대의 장엄한 특송
이 모두가 오늘 밤 죄인들의 피난처 되게 하심이었음을
한발 늦은 깨달음

동대문구에는 사람이 없는가?

　황순원 작가 고향은 평남 대동군이다
　소나기에 나온 지명 한 줄로 양평군은 소나기 마을로 유명하다.
　*서울시 동대문구 용두동168-1는 조선 문단 터이다
　이곳에서 이광수 현진건 염상섭 김억 박종화 방인근 최서해
　나도향이 *제1회 조선 문단 합평회를 시작한 장소이다
　한때는 우리나라 문학의 뿌리를 이어온 작가들이 거닐었던 곳
　지금은 솔바람 공원이라 명명되어 있다
　"건물이 헐릴 때도 아쉬워했는데 이제라도 찾아주어 고맙소"
　현진건 작가의 음성이 들여오는 듯 하다.
　며칠 후 자정이 다된 시간에 방문했을 때는 이광수 작가가
　"일경의 눈을 피해 우리글로 나라 사랑해온 뜨거운 피가 흐르고
　우리들의 혼백이 남아있는 건물이 헐린 것도 원통한데
　일경이 활보하던 시절에도 조선 문단 이름은 있었는데…
　솔바람 공원이라니 지하에서도 마음 편치 않소"
　하신 것만 같아 어두운 밤하늘의 별을 바라보다.

시침은 2시를 가리키고 떠나오려 하니 합평회에 참여했던
선배 작가님들 모두 나와 배웅하신 모습 코끝 시큰거리다.

*당시 고양군 승인면 용두리 168-1
*제1회 조선문단합평회(1924년2월)

마음의 땅

마음의 평수를 넓히자
온유한 이가 땅을 차지할 것이다
비록 열 평짜리 가건물에 살더라도
마음만큼은 백 평, 이백 평,
넉넉한 땅으로 넓히면
그곳이 곧 풍요로운 천국이다
가족의 화목함을 위해
이웃과 평화를 위해
마음의 평수를 넓게 넓히자

성탄절 준비 기도

주님 이제껏 미뤄오던 판공성사를 보았습니다
올해는 거룩한 성탄의 기쁨을
가난하고 고통받는 이들과
함께 나눌 수 있게 하소서
인류의 적인 이기심을 이타심으로
변하게 하는 성탄절 되게 하소서
세상은 헤로데 궁전을 꿈꾸게 하지만
구유에서 탄생하신 아기 예수님은
그 헛된 욕망 버리라 하네요
간절히 비오니
헤로데 궁전이 아닌 말구유의
의미를 깨달아 또 하나의 아기
예수님이 탄생하는 성탄절 되게 하소서
하늘에는 영광 땅에서는 평화

자물쇠가 안 열린 이유

쇳덩이라고 함부로 말하지 마라
추우면 얼어버린다.
단단하게 잠근 몸
꼭꼭 숨는다.

웃음 운동

웃음은 운동이다
어릴 때 하루 400번 이상 웃던 우리
어른이 되어가며 6번으로 줄고
그것도 두세 번은 비웃음이라니
이제부터라도 수많은 근심 걱정
다 내려놓고 편안하게 웃어야겠다
내가 내 몸 안에 세포들을 사랑하지 않는다면
세포들은 당연히 병들어간다
세포의 유전자가 꺼지기 전에
웃어넘기는 지혜를 가져야겠다
웃음을 내 몸 안에 저축해 나갈 수 있어야겠다
그래야 몸 안의 독소들이 빠져나간다
내 몸 안에 독소를 내보낼 수 있을 만큼
많이 웃고 행복해지면 병은 저절로 낫는다
기(氣)가 막혀서
속상해서
억장이 무너져버린
그래서 몸 안에 일어난 독소인 화를 웃음으로 풀어주면
엔도르핀 도파민 세로토닌으로 바뀌어
병들어간 세포들이 방긋방긋 웃게 된다

웃음운동을 시작하자
웃음은 운동이다
하
하하
하하하
으하하하하

웃음 소통법

마음이 웃음을 만나야 합니다
기분이 좋다는 것은 웃음이 만듭니다
자존감이 커질 수 있도록 칭찬합시다
아침에 일어나면
감사합니다
감사합니다
감사합니다
감사는 웃음의 씨앗입니다
용서는 가장 이기적인 자기 사랑법 입니다
분노 질투 미움
모두 이 무거운 것들 다 버려야 합니다
미워한 이 있어서 화가 나고 분노가 솟구칠 때
이것을 오래 담아 두면 몸 안에 유전자가 꺼지고
기가 막혀서 병이 되므로 분노와 화를 버려야 합니다

감사합니다
용서합니다
웃어서 버립니다

하
하하하
아하하하하

웃음합창단

하
하하
하하하하하하하
변함없는 마음
변화 있는 집
지어진 지 오래 되어
보수해 주어야 했는데
필요할 때 사용하는데 급급하여
망가져 가는 줄도 몰랐습니다
어떻게 할지 망설이다가
망가진 부분만이라도 수리하자
아주 훌륭한 결단이어서
안심의 큰 박수
박장대소
포복절도로
응원해 봅니다
하
하하
하하하하하하하

청춘

겨울 지나면 봄 오듯
나 돌아가려네
아름다운 봄날로 돌아가려네
눈 속에 피어난 매화
봄날로 돌아간다면
이제는 사랑할 거야
별빛 쏟아지는 강가에 앉아
못다 한 말 고백 할꺼야

빛나는 한글

과학적이고
아름다운 우리 한글
자음 열아홉 자
모음 스물한 자
자음과 모음 모든 글자에
남은 여생을 기대어 본다
뭉뚝해진 연필심을 보니
마음에 평화가 스며온다

홍릉 터

홍릉수목원
역사의 뒤안길에 흘러가는 구름 따라
행여 힘 없는 나라 될까?
땅속에서도 돌아앉은 황후
마주 손잡고
엉킨 실타래 풀어가라고
살아있는 듯 건네는 말
떠도는 구름이 대신 전해주며
마른 잔디 엉거주춤 흙을 밟고 있다.

고난의 십자가

하느님 아버지!
예수님께서 광야에서 사십일 동안 머무신 것처럼
저희도 광야에 머무르게 하소서
광야는 편안함보다 불편함을 생명보다 죽음을
희망보다 절망을 먼저 생각하게 하기에
불편함 때문에 죽음의 공포 때문에
절망 가득한 신음 때문에
하느님을 체험하게 하소서
좋으신 아빠 아버지!
이번 사순절에는 당신을 위해 매일 제 십자가를
지는 법을 깨닫게 하소서
예수님께서는 세상 끝날에 우리 모두를 들어 올리시려고
십자가에 못 박혀 돌아가셨으니 십자가의 희생을 통하여 참된
  사랑의 의로움을 깨달을 수 있는 영혼의 눈을 뜨도록 도와주소서
  참 좋으신 아빠 아버지!
  그리하여 주님의 피로 구원하신 백성을 거룩하게 하시어 저희가

부활의 영광을 바라며 속죄함으로써 더욱 완전히 주님의 수난에
참여하게 하소서-아멘-

시작(詩作)

자리에 누웠다.
낮에는 보이지 않았던 언어들이
어둠 속 별이 되어 깜박거린다.
눈을 감아도
반짝반짝
노트북을 켠다.
틱 톡 틱 톡
아침이 오면
사라질 별들
밤이 깊도록 별을 딴다.

시인R

멋들어지지 않은데
고뇌와 냉소가 가득한 웃음이
왠지 뜨겁다
시는 언어의 춤일 뿐이라고 하면서
왜 그는 매일 시를 쓰는가!

서울 구경

지금 광명 사는 고주환 친구와
처음 서울 올라와서
경복궁을 삼십 분 동안 꼼짝 안하고
쳐다보고 있으니 사복경찰이
당신 멋하는 사람이여!
수상헌디 민증 좀 봅시다.
저~전남 구례에서 처음 서울 와서
지~지난 역사를 회상하고 있는디
머가 잘못 됐나요!

웃음잔치

자지러지게 활짝 웃어보자!
웃음 운동 엔돌핀 도파민
세로토닌 생산하여 기막힌 몸 뚫어내자
체면, 나이, 성별 가리다 보면 웃을 수 없다
웃을 땐 무 대포
하하하
호호호
허허허
히히히
히죽히죽
껄껄껄
낄낄낄
깔깔깔
까르륵 까르륵
흐하하하하
크하하하하
푸하하하하
푸하하하하
박장대소 포복졸도 웃음잔치
꽃 한 송이 활짝 피었네

가장 아름다운 기억

불에 데어 본 사람은 안다.
얼마나 화들짝 놀라며 아파하는지
닦아도 닦아도 지워지지 않는
첫사랑이 써놓은
가장 아름다운 기억

새해를 맞이하는 기도

새해에는 복 많이 받으셔서 뜻하는바
모두 이루시고 가정에 사랑과 평화가 가득하게 하소서.
용기와 도전으로 힘차게 도약하는 새해,
진취적이고 힘찬 기운으로
이웃에 에너지를 전하는 새해 되게 하소서.
다정한 말과 환한 미소로
세상을 밝게 하는 새해 되게 하소서.
서로 이해하고 배려하며
허물을 덮어주는 새해 되게 하소서
가정의 화목함을 위하여 예수님처럼 가족들의 발을
씻어주는 겸손함을 갖게 하소서.
새해에는 무엇보다 건강한 한 해 되게 하소서.

멀리 가는 길

골짜기를 지나고 개울이 되어
또 다른 내를 만나
이윽고 흐르는 강을 보았는가?
굽은 길 돌고 돌아
낮은 곳으로
이 골짝 저 골짜기
말없이 노래하며 흐르는 물을 보았는가?
함께 가는 것이
가장 멀리 가는 것이라고
나란히 손잡고
흐르는 강을 보았는가?

인연

우리 동네 성당에서 일어난 일이다. 유리안나 선생이 담임으로 초등학생인 안드레아에게
교리 공부를 가르쳤는데 혼기가 되어 퇴임하였다.
세월이 흘러 유리안나 선생 딸이 유치부 학생으로 입학하는 날 초등부에서 공부했던 안드레아가 유치부 담임이 되어 왔다.

오르간을 치고 율동을 하고 아이들이 신나게 교리 공부하게 되는 선생으로 우뚝 섰다.
아하!
이렇게 인연은 세대와 세대를 끊임없이 이어가는 것이구나.

박원기 도가니탕, 설렁탕

여름은 소리 없이 왔다가 천천히 지나가고
서울 제기동 약령중앙로 2길 14번지
박원기 설렁탕집은 영업이 한창이라네
소 한 마리에 해당하는 뼈와 도가니를 듬뿍 넣어
스물 네 시간 푹 고아낸 국물에
밤, 대추, 인삼을 넣어 정성을 다했다네.
무더위에 땀이 비 오듯이 내려앉아도
도가니탕 한 그릇이면 더위 걱정 끝이라네
바다 건너 일본 사람들도 좋아하고
태평양 건너 사람들도 찾아온다네
인생에 지친 사람 오시오
기력 회복에는 박원기 설렁탕
도가니탕이 최고라네!

원점

인생의 반환점에 돌아서니
하나하나 원위치로 되돌아간다
키도 다시 작아지고
걸음걸이도 느려지고
생각도 짧아지고
아직 돌아가지 못한 건
욕심 뿐

소리꾼 이 선생

소리의 길
남도의 흥 그의 열정은
쌀이 떨어져도 며칠을 굶어도
목마름은 소리로 채워지네
파킨슨의 떨림 앞에 그는 말했네
소리가 약이여
매주 토요일 오십 리 길 단걸음에
달려와 신명나게 전해주는 그 마음
골짜기를 넘어
내 가슴에 깊이 새겨지네

한 걸음씩

젊을 때는 몰랐지
술잔 속에 숨은 병의 씨앗을
이제는 침대에 누워
앉아 있는 그이가 부럽구나
앉아 있으면 또다시
휠체어를 탄 이가 눈에 들어오고
휠체어 탄 이는 목발을 짚는 이를 부러워하네
하나씩 천천히
모두들 건강을 꿈꾸지만
건강은 있을 때 지켜야지
오늘부터 한 걸음
스트레칭으로 몸을 깨우고
꾸준한 운동이 나의 약속
내가 건강해야
친구도 도울 수 있으니까

제3부
부치지 못한 연서

운동회 날

 운동회 날이 정해지면 어머니는 운동회 날 먹을 감을 우리고 큰형수는 잡채와 달걀, 밤,
 갈치 조림을 준비하고 달리기 좋아하는 나는 멍석을 준비하여 식구들이 가장
 구경 잘할 수 있는 식구들 자리를 미리 마련해 두었다

 확성기 노래 속에 만국기 펄럭이고 함성과 함께 시작된 기마전, 오재미 던져 풍선 터트리기
 달리다가 엄마 찾아 같이 뛰기, 줄다리기, 청군 백군 이어 달리기,
 동네잔치가 따로 있나

 내 고향 구례 중앙 초등학교의 풍경이다.

안개꽃 지다

지 덕 식
14;46~16;06
3;27(냉각 중)
1928년11월22일생
2019년1월6일 별세

　친구 모친이 돌아가셨다
　밤새 안녕이란 말이 있듯이 주무시는 것처럼 편안하게 영면하셨다
　상주인 친구는 조객들에게 부담을 주기 싫다며
　조문을 받지 않고 삼일만에 화장을 하였다
　1시간 30분가량 천 도가 넘는 불 속에서 한 줌 재가 되어 나오셨다
　삶이란 무엇인가?
　사진 한 장 남겨놓고 허망하게 떠나가신 모친을 회상하며
　지나간 시간들이 주마등처럼 지나간다

　1950년12월에 유복자로 태어난 친구
　1.4후퇴 때 부산까지 쫓겨가며 당신은 허기져도 괜찮았을 것이다

남편과 이산 가족이 되어 홀로 키워온 아들
약사라는 천직이 있어 그나마 다행이다
이제는 구순이 넘으셔서 움직이는 것 마저도 힘들어하신
모친을 위해
칠십이 다 된 아들이 밥을 하고 국을 끓이고 김장을 하고
좋아하시는 생선을 구워 밥상에 올리는 친구를 보니
효도란 특별한 것이 아니다
마음이 비단결같이 고우셔서 싫은 소리 한번 안하시고
어머님이 돌아가신 오늘
어떻게 사는 것이 잘사는 것일까?
곰곰이 생각해 보게 된다
어머님 이제 세상 모든 짐 내려놓으시고
저 넓은 천국에서 편안히 쉬소서

사랑이 내게로 왔네

농구공을 가지려 무심코 교무실 문을 여는데
키가 큰 여학생과 마주친 순간
사랑이 내게로 와서
시작된 가슴앓이
육신의 옷을 입고 있던 안테나는
온통 그녀에게로 향하게 되어
밤낮 없는 황홀한 감옥에 갇히다
수업 시간 칠판에 온통 그녀 수줍게 웃는 모습으로 가득하고
잠자리 들면 천장 위에 보름달처럼 떠오르는 그녀
밥 먹지 않아도 배고프지 않았다
가슴 벅차 숨 막히는데 의사의 진찰로도 나오지 않는 병
가슴으로 받아들이기에 너무 큰 아픈 사랑
혼자만의 사랑은 그 누구도 겪지 않았으면

섬진강

먼 옛날 나룻배를 노 젓는 한 바보 선비가 있었는데
옷깃 한번 스쳐 간 소녀의 손에 다가가지 못했다네
백합처럼 순수한 사랑의 감정 느껴온 선비는
코스모스가 사십 번이나 피고 지도록 기다려 왔다네
소녀는 해가 떠서 샛별이 보이지 않는다고 잊을 수 있겠지만
밤이 되면 별빛 되어 그 소녀 창가 밝게 비추고는
아침이 되면 희망의 조각들을 다시 준비하며 잠시 쉴 뿐이라네
혹시, 찾는 이 아무도 없는 빛바랜 모시 적삼 되었을지라도
다정하게 포옹할 설레임도 남겨놓았다네
바보 선비는 오랜 옛날부터 그 소녀를 보내지 못하고
섬진강 나룻배 함께 노 젓고 싶어하는 꿈 꾸고 있다네

그리움

몰래 가져간 내 마음
어쩌지 못하고
양 볼만 사과같이 붉다
건너지 말아야 할
선 지키기 위해
홀로 이 세상 고독
다 짊어진 채
황혼의 낙원
갈대숲에서
님 떠난 빈자리에
내 마음만 보내네

가슴앓이

고등학교 2학년 가을 어느 날
노영이를 부러워했던 원기는
마침내 사랑하는 이를
심장에 자리하게 했다
너무나 좋아해서
잠을 청해도 잠 오지 않았다
밥 먹지 않아도 배고프지 않았다
숨 쉴 수 없어 병원을 찾았으나
이상 징후가 없다는 의사의 진단이다
세상이 온통 그녀로 보였으니
누가 봐도 미친 게 분명했다.
샛별이 빛을 잃을 때까지
그녀 창가에서 세레나데를 불러주고
아침 되면 아무 일 없었던 것처럼
학교에 갔다.
공부는 뒷전이고 가슴앓이 끝이 보이지 않는데
가족들은 기대가 컸던 터라 실망도 아주 컸을 것이다

행복한 변명

하얀 칼라 검정치마
미끈한 오이처럼 키 큰 소녀가
주인 허락 없이
나의 심장 점령했다
법학과 강의실에 가정과 여학생 있을 리 만무한데
수업만 시작되면 칠판 전체에
보름달처럼 소녀 웃는 모습 피어올라
사법고시 망쳤다
행복한 변명
아!
아픈 사랑

목포역에서 구례구역까지

*그리워서 멀다
외로워서 멀다
눈길이 먼저 달려가도 닿을 수 없는
너를 향하여 나는 생각 한다

먼 옛날 가을 어느 날 마지막 체육시간
농구공을 가지러 교무실 들어가다
난생처음 눈 한번 마주친 것밖에 없는데
푸른 하늘처럼 맑고 깊은 호수에 빠져버린
소년은 사십 육년 동안 햇빛을 보지 못하고
머리는 어느새 은발이 되었다네

내 마음 전라선 따라
그대 마음 호남선 따라
노을 진 구례구역에 언제나 오시려나

*나호열 시 「수평선에 대한 생각」 부분

부치지 못한 연서

수방사 옛터 정원에서
구름 한 점 없는 파란 하늘에
글씨를 쓴 사람이 있다
거침없는 필체로 보아
꽤 오래전부터 써 온 모습이다
마음 가득 차고 넘치는 열정에
이제야 늙은 소년의
시린 가슴이 가라앉기 시작하다

샘솟는 우물

바가지로 퍼내어도
두레박으로 퍼올려도
넘치도록 출렁이는 우물
세월 가면 마를까

퍼내도 퍼내도
마르지 않는 샘
반 백년 지난 오늘도
우물을 긷는다

김치 돈키호테

맵고도 짜게, 또 시게도 묵어
긴 세월 동안 익어온 김치
젊은 날의 무모한 꿈과
쓰라린 실패의 기억이 어우러진 그 맛
한때는 기무치로 불릴 뻔했던 이름
해외 먼 곳에서도 빛바래지 않기를 바란
김치의 정체성을 지키려는 불타는 고집
그 길을 걷기 위해 얼마나 많은 밤을 새웠던가
뜨거운 열정으로 새웠던 큰 집도
찬란한 한정식집 고려정도 사라졌지만
김치, 그 맛은 결코 사라지지 않고
내 가슴속 불씨는 아직 타오르네
약령시장 한 모퉁이, 다시 찾아온 자리
설렁탕 한 그릇 곁들여 나누는 깊은 맛
주인공은 아니지만 없어서는 안 될 한 조각 김치
소박한 김치 깍두기
이 조화를 위한 노력에 평생을 걸었다
오늘도 김치를 버무리고 있다

짝사랑

여기 가장 멍청하게
사랑하는 자가 또 있어
행복해하는 이의 변명!
사랑 중에 가장 가슴 시린
사랑이 무어냐고 묻는다면
주저함 없이 짝사랑이라고 말할 수 있으며
난생 처음 *이 병에 걸리면 십중팔구는 세상을 하직하게 되는데
어쩌다 신(神)이 허락하여 명을 부지했다 하더라도
아무리 잊으려 몸부림쳐도
평생을 그 속에 갇혀 추억하게 되나니
한편으론 꿈을 꾸는 낭만이 있어 좋지만
현실은 냉혹하여 비참함이 있을 수 있으니
애당초부터
짝사랑이랑 동행하지 마세요

*상사병:가슴에 화마가 쓸고 가는 병

첫눈

서울 한복판에도
첫눈이 내립니다.
평화로이 내리는
눈송이가
누구에게는 그리움으로,
누구에게는 깊은 사랑으로,
누구에겐 아직도 아물지 않는 아픈 사랑으로
하이얀 눈송이 되어 꼭꼭 숨겨두었던
마음 깊은 곳까지 아프게 합니다.

아!
첫눈!
첫사랑!

첫사랑

산골 소년 사랑법은
서툴기 그지없었지만
좋아하는 감정은
하늘만큼 컸다네
좋아한다는 감정
전하는 방법은 서툴렀지만
사랑하는 마음은 절실하였다네
별나라의 황홀한
감옥에 갇혀
온통 천지가 칠흑 같은
어둠 속일지라도
한 줄기 희망의 빛
가슴에 품어서
어제도
오늘도
내일도
아!
끊임없는 그리움

풋사랑

문척 윗동네 원기 살았다
문척 아랫동네 순이 살았다
등굣길 비 많이 와 개울을 건널 수 없었다
용감한 원기, 바지 걷어 올리고
등 내밀어 순이를 업어서 개울을 건넜다
원기 힘든 줄도 모르고 좋아했다
이제 주름진 이마만큼 원기 등 작아졌지만
따뜻했던 순이 체온 아직 원기 등에 남아있다

정월 대보름 풍경

1

구례읍 봉남리 봉성산 자락에서 자란 어린 시절
보름 전날 오후가 되면 달집을 만들기 위해
동네 친구들은 바쁘게 움직였다
성표는 봉산에 올라가서 기둥을 세울 대나무를 베어오고
도진이는 생솔가지를 준비해오고
팔만이는 볏단을 가져왔지
나는 연을 준비하여 친구들 소원을 적어
맨 꼭대기에 매달아 놓는다.
먼저 깡통에 구멍을 내어 쥐불놀이를 하고
둥근 달이 떠오르는 한밤이 되면
달집을 중심으로 모두 손잡고
소원을 먼저 빌고 달집에 불을 붙였지
툭탁~툭탁~트욱 탁~
생솔 가지 타는 소리, 대나무 터지는 소리 내며
활~ 활 타오르는 불꽃을 보며 우리는 함성을 지르며
강강술래, 농부가, 진도아리랑으로 흥에 겨웠지.

2

보름날 아침이 되면 조리를 들고 집집마다 다니면서
오곡밥을 얻어와 먹었다
성표 어머니는 시루에서 찰밥을 듬뿍 퍼주시고
순희 어머니는 오곡밥을
도진 어머니는 서숙밥을 주셨지
각양각색의 밥들을
즐거운 마음으로 주셨던 어머님들!
지금은 어느 별나라에서 인자하신 모습으로 계시는지요?

행복한 기다림

만나자고 약속한 화엄사 일주문
약속 시간 일요일 오후 두시
두근거리는 맘으로 일주문이 보이는 나무 뒤에 숨어서
열두 시부터 나와 기다리는데
두 시가 지나고
네 시가 지나고
해지는 다섯 시가 되어도 기다리는 사람 보이지 않고
산사의 목탁 소리만 바람결에 들려오더라

바보의 기다림

칠십 년 가을
약속 장소 초원다방
약속 시간 오후 여섯 시
설렌 마음으로 그 다방에 들어섰는데
기다리는 사람 보이지 않고
다섯 시 여섯 시
일곱 시
여덟 시
아홉 시
다방 마담의 한마디
총각 문 닫을 시간이에요

저 별은 나의 별

별빛처럼 반짝이는 두 눈망울
두 별빛 첫눈에 반해
바라만 보다
그 별에 닿으려고
사랑의 화살 쏘아 올렸는데
지금도 그 별에 닿지 못하고
허공 속에 맴맴
빈 하늘 바라보면 초롱초롱
여전히 별은 빛나는데

한 소녀

지리산의 무심한 풍경과
굽이쳐 흐르는 섬진강과 섬진 뜰
나룻배 타고 건너던 문척 서당골
코스모스 한들거린 파란 하늘 사이
웃고 있는 한 소녀 보이네

우정에 답하다

봄이면 물길 따라 벚꽃 피는 지리산을 품은 내 고향 구례
섬진강을 닮은 향우들 한자리에 모인 재경구례읍체육대회
천 명 분의 도시락을 주문해 준 친구의 고마운 마음
도시락을 무엇으로 채울까
일찍 상경하여 고향 음식 그리워할 향우들
고향 산자락에서 나는 고사리, 취나물 향도 그립겠지.
어머니의 손맛 담긴 매실장아찌에 고들빼기김치 생각나겠지.
고향 잔치 한판 신나게 벌여 보자
맛있게 먹는 향우들 보니 밑지고도 기분 좋은 장사
지리산 넉넉한 품을 닮은 향우들이
슬그머니 건네준 두툼한 봉투
가는 마음 오는 마음 보름달처럼 둥글게 떠서
덩실덩실 춤추었던 우리들의 푸르른 날도 기우는데
인사가 늦었네 지리산을 닮은 친구여 고맙네

고향 생각

고향을 떠올리면
어머니께서는 먹기 싫어 도망다녔던
삼계탕을 들고 오시고
아버지께서는 수박밭 원두막에서
수박을 건네주셨지
아! 그러나 지금은 고향에 가도
그립기만 한 어머니, 아버지!

찰나의 인연

번갯불 같은 빛으로 온 소녀와의 첫 만남은 우연이 아니었네
내 전부가 되어버린 젊음의 강을 어떻게 건너왔는지 기적이 따로 없네
애처로운 눈빛으로 바라만 보다 남이 되어 버린 아픈 순정 간직하고 있는데
계절은 아프지도 않고 잘도 바뀌어 가네
예수님같이 믿었던 신부님이 말씀하셨네
진심으로 그 소녀 사랑한다면 소녀의 마음이 바뀔 때까지 기다리라 하시니
지금도 기다리고 있는 중이라네
번갯불 같은 빛으로 온 소녀를 아직도 보내지 못하고 내 심장과 함께 뛰고 있는 것은
백년이 하루 같기 때문이며
주위 사람들을 생각해서라도 잊을만하지 않느냐는 말에
나도 제발 잊고 싶지만 잊어버릴 수 없다는 게 현실이라네
이 세상에서 우리의 만남이 이루어질 수 없다면
천국에선 시집가고 장가가는 일이 없다고 하니
좋은 친구로 만나기를 소망하며
지순 지고한 순정 간직하며 떠나겠소

백합꽃 같은 열아홉 소녀여!
별빛 초롱초롱한 한밤에
초가지붕 위 하이얀 박꽃 되어
이 밤도 그대 곁을 지키고 싶소

구례

서산에 노을이 물들도록 기다려 왔습니다
새까맣던 머리 은발 되어 나부끼고
머리칼 따라 빠져나가는 기억들
초점 잃은 눈동자는 오늘도 섬진강가의
서당골만 바라봅니다
노을진 갈대 안에 자리한 소년과 젊은 청년은
아직도 그대를 보내지 않았습니다

순수 촌놈의 사랑법

을러대고, 윽박지르며 사랑 고백한 바보,
못 마신 맥주를 벌꺽벌꺽 마시고
만나주지 않는다고 창호지 방문 살을
주먹으로 박살 냈던 천치,
그때는 그것이 박력 있는 남자가
사랑 고백하는 최고의 지성인 줄 착각한 촌놈,
이제야 옳지 않음이 보인다니 소가 웃을 일.
가는 세월 따라 연륜은 쌓이는 법,
조금 더 젊어서 부드러움에 대한 미학을 알았던들
떠난 님에 대한 그리움 때문에
섬진강변을 맴돌지 않았을 것이고,
서당골 주변을 배회하지 않아도 되었을 텐데

숯불 같은 사랑

문고리도 얼어붙는 영하 이십 도,
경동시장 겨울 길.
드럼통 장작불 지펴
누구든 지나가다 손을 녹여준다.
아직도 내 심장을 뛰게 하는 그대
그대도 활활 타오르는 장작불 같은
사랑을 하자
강 건너 저편 나룻배 그리워하듯
이루지 못한 사랑 숯이 되었네

태산이 무너졌다

만약 평생 짝사랑한
사람을 만난다면
무슨일이 일어날까
궁금.......

제4부
눈 오는 날에

봄비 내리는 날엔

봄비 내리는 빗방울 소리
똑
똑
똑
한겨울에 피는 동백꽃 따라
매화가
진달래가
개나리, 벚꽃
목련이 연이어 인사를 한다
빗방울 소리
두 눈 감고 들으면
내 곁을 떠난 그 사람
달려오는 듯
심장이 빗속을 뛰어간다

숲속의 봄

잠자던 숲이 깨어났다
봄바람에 이리저리
얼음을 깨고
흐르는 계곡의 물소리
얼레지의 보랏빛 왈츠

물오리 가족

춘천 상상 마을 앞 호수에서
뛰노는 물오리 떼 본다.
할아버지 오리 할머니 오리
아들 며느리
손자 손녀 오리 다 모여
아침체조 한다.
할아버지 오리 따라
똑같은 동작으로 물속에 들어갔다
똑같은 동작으로 물속에서 나오길 반복한다.
햇빛 쏟아지는 이른 아침
기지개 켜며 할아버지 오리 따라 하는
물오리 가족 바라보며
오늘 하루가 평화롭게 열린다.

봄비

봄비 내리는 한적한 오후 대지 위에
막 솟아오른 새싹에게는 일용한 양식
대지를 깨운 봄비에
새싹들이 쑤욱쑤욱 기지개 켠다
아름다리 가지의 막 피어오른 목련은
박장대소 큰 웃음소리
길가의 돌 밑을 파고들어 피어있는 민들레 꽃
노오란 웃음 즐거운데
아직도 아물지 않는 그대 향한 그리움은
빗물 되어 내 가슴 흘러내리네

눈 내린 날

밤새 내린 폭설에
온 세상이 하얗습니다
어디가 길인지
어디가 들판인지
눈 내린 길 끝에
그대 모습 보입니다
그대에게
가는 길
걸어도 걸어도 끝없는 길

나의 소망

그리워하는 이와
섬진강 코스모스 꽃길을 걷고 싶다
그리워하는 이와
눈치 보지 않고 입 맞추고 싶다
그리워하는 이를
뜨겁게 안아 주고 싶다
그리워하는 이를
무릎 위에 앉히고 부활의
자작시를 읽어 주고 싶다

첫 사랑

섬진강가 바람 부는 대로
한들거리는 코스모스였다
한적한 숲속의 한 송이
백합이었다
추위와 친구 하며 자연을 담은
목련화였다
피멍 가득한 동백이었다

그리움은 아직 끝나지 않았네

설악산 단풍 보니
그대 생각 절로 나네
고운 단풍처럼
함께 물들고 싶다네
계곡의 물고기인 양 흘러간 이파리 하나
함박웃음 웃으며 애써 무슨 얘기 하려는지
계곡물 사이의 바위를 건너갈 때
그대 이야기하는 모습 멀어져만 가네
서산에 해지고 매서운 바람
코끝을 시리게 하는데
차가워진 커피마저 내 마음 아프게 하네

동백꽃 사랑

무심코 교무실 문을 여는데
사랑이 내게로 훅 들어와
마음의 빗장을 닫고 나를 가뒀다
수의 없는 감옥에 갇혀
온통 그녀로 가득 차
숨조차 크게 쉴 수 없어도
바라만 보아도 좋았다
먹지 않아도 배고프지 않은 사랑
아직 내 마음은 붉게 꽃피어 있는데
어느 날 뚝 떨어져 버릴까
핏빛보다 진한 동백꽃 사랑이어라

김치의 사랑법

백옥 같은 하이얀 피부
성깔이 뻣뻣한 그녀
정녕 부서질지언정
허락하지 않았다
사랑의 기술 알고 있는 그가
조용하고 그러나 단호하게
염장을 질렀더니
곧바로 고개 숙인 요조숙녀(窈窕淑女)
백옥 같은 온몸 드러내는 부끄러움
빨강 치마로 단장하고
수줍은 가을 여인 되어
한 몸으로 엉키었네

숯덩이

섬진강 강둑에서 바라보니
그 옛날 나룻배 한 척 떠 있는데
어디에서 날아왔는지
하얀 새 한 마리 살포시 앉아 있네

코스모스 연정

가을이 오면
가슴 한편 씨앗으로 묻어둔 첫사랑
연분홍 코스모스로 피어 한들거린다네
좋아한단 말 차마 못 하고
서성이던 섬진강 황금 모래밭
소녀의 집 앞 솔숲에 숨어
바라만 보아도 뛰는 가슴
샛별이 빛을 잃을 때까지
소녀의 창가에 기대어
새벽이슬 맺히도록 부르던 세레나데
새까맣게 타들어 간 심장 할딱거리며
가쁜 숨 몰아쉬던 때 그리워
가을이 오면
나룻배 건너던 그 시절로 돌아가
연분홍 코스모스 꽃길에서
그 소녀 그려본다네

매화 향기

매화 향기 가득한
겨울에 그녀를 만났다
함박눈 맞으며 말 없이 걸었다
손 한번 잡아보지 못하고 한참을 걸었다

어느새 꽃진 자리에 청매실 열렸다

눈 오는 날에

눈발 속에 희미하게 떠오르는 얼굴
우리 언제 만난 적 있었나요
함박눈 내리던 날
섬진강 소나무 숲에서
눈사람 될 때까지 기다린 적 있었지요
그땐 몰랐어요
세월 지나 그리움 된다는 걸
함박눈 내리면
눈 속에서 뛰어오는 그대 얼굴 보여요
사르르 녹아내리는 눈송이처럼
잠시 보이다 사라지는 모습 입니다

가을비 애가

가을비 오는 섬진강가에서
사성암 바라보면
아주 먼 옛 생각에
옷보다 마음이 먼저 젖더라
비 내리는 가을밤에도
나의 창가에서
밤새 초롱초롱 반짝이던
나의 별 그대

꽃 한 송이 피어 있네

모든 꽃들 다 양지쪽으로 뻗어있는데
꽃 한 송이 그늘진 창가에 기웃거리고 있네
오래전 나처럼
차마 고백하지 못한
꽃 한 송이 수줍게 피어 있네

손 내밀다

쉽게 내민 손
덥석 잡아주니
끝까지 잊지 말아야겠다
첫 마음 그대로
씨앗이 열매 될 때까지
마음을 다독인다

열아홉 소년의 첫순정

오래전 가을의 코스모스가 여기에도 피었네
혼돈의 시간을 읽었던 빛바랜 검정 가방은
칠십 년도 구례농고 이 학년 가을의 이야기가
코스모스로 피어나 한 소년이 늙은 소년에게
말을 건네고 있네

형제의 이야기

약령시장 새벽의 어둠을 뚫고
일어나는 형제들
탕제원의 열기 속에
서로의 어깨에 기대어 함께
일구어낸 삼십 년 세월
새벽부터 시작된
형제가 함께라서 가능했던 시간들
그 길 위에 새겨진 발자국
형제의 손을 놓지 않고 걸어갈 길
탕제원의 열기 속에 피어난 우애(友愛)
아우야! 고맙다
형님! 사랑합니다

跋文

생生의 원초적 고향을 탐색하는 시

나호열(시인 · 문화평론가)

1.

시집 『구례 가는 길』은 박원석 시인의 일대기이다. 그가 펼쳐놓은 서사敍事는 해방 이후 우리의 삶을 관통하는 풍경 그 자체이다. 고향을 잃어버린 유목의 시대에 공동체의 아름다운 사랑이 사라지고 물질적 탐욕에 일그러진 풍요의 허상이 가득한 세상을 지나온 초로의 시인이 읊는 귀거래사歸去來辭인 것이다. 농경사회에서 산업사회로의 급격한 변화는 급기야 인공지능이 인간의 감성을 대신하는 디지털 사회로 세상을 바꿔 놓았다. 시집 『구례 가는 길』은 이와 같은 삶의 변화를 되새김하면서 진정한 삶의 의미를 찾아가는 도정道程을 보여주고 있다.

시집 『구례 가는 길』의 팔십여 편의 시들은 '고향', '사랑', '경건한 신앙' 그리고 병마를 이기고자 하는 분투의 일상을 큰 주제로 삼고 있다. 이를 한 주제로 묶는다면 사랑이라고 할 수 있으며 이 사랑은 최고의 경지인 아가페Agape를 추구하는 길이라고 할 수 있다. 아마도 이 무조건적인 몰아沒我의 사랑은 전 생애를 거쳐서도 완성되기 힘들 것이다. 따라서 시인이 펼쳐놓은 화고는 고희를 넘긴 시인이 현재와 과거를 넘나들며 모색한 간절한 기도문이 되기도 한다.

    오십 년 전으로 돌아간 학우들의 짧은 여행길
    추억을 넘나드는 이야기는 새벽이 오는 줄도 모르고 깊어만 갔다
    배낭의 무게에 힘들어하는 친구의 짐을 대신 들어주고
    땀을 닦는 모습에 눈시울이 먼저 젖는다
    산해진미 가득한 밥상보다 더 맛있는 시간들 얼마나 남았을까
    헤아리다가 긴 밤을 꼬박 새웠다
    희미한 빛이 알리는 또 하루가 그냥 고맙다

                                      – 「일흔 살의 여정」

사랑은 태어나면서 부모로부터, 가족 상호 간에 형성되고, 차차 동성 간의 우정과 이성을 향해 가며, 정상적인 사람이라면 나이 들면서 그 사랑을 능동적으로 구현해가는 주체적 자아로 변모해간다. 그리하여 노년기에는 경쟁심이 둔화되고, 삶의 종점이 가까워짐을 느낄수록 관대해진다. 「일흔 살

의 여정」은 옛 이야기로 밤을 새우면서 서로의 늙음을 안타까워하고 위로하는 내용을 담고 있다. 친구들은 각자 다른 길을 걸어 삶을 꾸려나갔으나 이제 나이가 들어 서로를 애틋하게 바라보며 서로를 보듬는 사이가 되었다. 이렇게 다투지 않는 삶, 더 많은 것을 욕심내지 않는 지점이 박원석 시의 출발점이 되는 것이다. 이 시간적인 출발점과 더불어 구례라고 하는 공간은 공동체의 아름다움을 체득하는 교과서의 역할을 담당하고 있다.

2.

　급격하게 인구가 줄어듦과 동시에 도시화가 이루어지고 개인주의가 팽배하는 세태에서 공동체의 실상을 찾아보기 어려운 시대에 살고 있다.
　즐거운 품앗이나 두레의 풍습은 창졸간에 사라져 버렸다. 출산율이 급락하니 도시에서도 '운동회 날이 정해지면 어머니는 운동회 날 먹을 감을 우리고 큰형수는 잡채와 달걀, 밤, 갈치조림을 준비하고 달리기 좋아하는 나는 멍석을 준비하여 식구들이 가장 구경 잘할 수 있는 식구들 자리를 미리 마련해 두었다'(「운동회날 1연」)와 같은 가족 간의 즐거움을 나눌 수 있는 시간이 사라져 버렸다. 그나마 우리의 세시풍속인 정월 대보름은 도시에서도 그 면면을 이어오고 있기는 하지만 마을 단위에서 협동하고 간절히 기원하는 모습은 찾아보기 힘들다. 다소 긴 느낌이 없지 않지만 시「정월 대보름 풍경」을 음미해보기로 한다.

1

구례읍 봉남리 봉성산 자락에서 자란 어린 시절
보름 전날 오후가 되면 달집을 만들기 위해
동네 친구들은 바쁘게 움직였다
성표는 봉산에 올라가서 기둥을 세울 대나무를 베어오고
도진이는 생솔가지를 준비해오고
팔만이는 볏단을 가져왔지
나는 연을 준비하여 친구들 소원을 적어
맨 꼭대기에 매달아 놓는다.
먼저 깡통에 구멍을 내어 쥐불놀이를 하고
둥근 달이 떠오르는 한밤이 되면
달집을 중심으로 모두 손잡고
소원을 먼저 빌고 달집에 불을 붙였지
툭탁~툭탁~트욱 탁~
생솔 가지 타는 소리, 대나무 터지는 소리 내며
활~ 활 타오르는 불꽃을 보며 우리는 함성을 지르며
강강술래, 농부가, 진도아리랑으로 흥에 겨웠지.

2

　　보름날 아침이 되면 조리를 들고 집집마다 다니면서
　　오곡밥을 얻어와 먹었다
　　성표 어머니는 시루에서 찰밥을 듬뿍 퍼주시고
　　순희 어머니는 오곡밥을
　　도진 어머니는 서숙밥을 주셨지
　　각양각색의 밥들을
　　즐거운 마음으로 주셨던 어머님들!
　　지금은 어느 별나라에서 인자하신 모습으로 계시는지요?

　　　　　　　　　　　　　　　　－「정월 대보름 풍경」 전문

 '1'은 달집을 만들고, 보름달이 뜨면 다 같이 모여 흥겹게 노는 달집 태우기를 생생하게 재현하고 있다. 모두 함께 달집을 만들고 달집을 태우면서 마을의 안녕을 기원하는 모습을 그리고 있다 '2'는 정월 대보름을 맞아 온 마을 어머니들이 찹쌀을 비롯하여 기장, 찰수수, 검정콩, 붉은팥 등 다섯 가지 곡식으로 지은 오곡밥을 서로 나누며 한 해의 풍년을 기원하는 우리나라 전역의 풍속을 보여주고 있다.

 이 시에서 우리는 너나 할 것 없이 한 해 마을의 안녕과 풍년을 기원하는 어울림의 세계가 사라져버렸음을 안타깝게 바라볼 수 있다. 힘든 노동의 삶을 놀이로 승화시키려는 마음은 어디로 갔을까? 자연 속에 기대어 살던 마음은 사라지고 인공人工의 힘이 자연을 추방하는 시대에 시인이 회고하는 운동회나 정월 대보름의 추억은 가난했지만 더불어 사는 삶을 부지불식간에 배웠던 소중한 교훈이 아닐 수 없다. 유교적인 가부장제도가 지금은 타파해야할 의식으로 받아들여지지만 우리들의 부모들의 사랑은 강압적이지 않은 '어머니께서는 먹기 싫어 도망다녔던 / 삼계탕을 들고 오시고/ 아버지께서는 수박밭 원두막에서 / 수박을 건네주'는 (「고향생각」)투박하되 간절함이 가득한 사랑이기도 했다.

    국민학교 졸업을 앞둔 어린 시절 아버지는 나를 데리고 산더미 같은 나무 한 지게를 지고 삼십 리 산골길을 걸어 구례 대목장에 갔다. 겨우내 땔감을 내다 판 돈으로 시장에 걸린 잠바 하나를 입어보라 하셨다 따뜻했다. 아버지는 얼마냐고 묻더니 잠시 후 밖으로 나오라고 해놓고 옷 가게 주인에게 모자란 돈을 외상으로 달라고 하는데도 여의치가 않으신지 점심시간 훌쩍 지났는데도 나오시지 않고 있다. 어린 마음에도 이건 아닌데 했지만 어쩌지 못했다. 돌아오는 겨울 산길은 따뜻했다.

- 「설날 아침」 첫 연

    설날 아침, 시인은 문득 그 옛날 아버지를 떠올린다. 젊은 아버지는 나무를 팔아 국민학교 졸업 선물로 잠바(점퍼)를 사주려고 읍내로 갔다. 나무 판 돈 보다 잠바값이 비싸 오래 흥정을 하다 결국 빈 손으로 집으로 돌아온다. 외상으로 잠바를 사고자하는 모습을 보이기 싫어 아버지는 밖에 나가 있으라고 하지만 아들은 이미 그것을 알아차린다.

빈궁했던 60년대에는 서울 같은 도시에서도 한 겨울 내복 이외에 겉옷을 입기는 어려웠다. 한 겨울 십리 이십리 길을 걸어 학교를 오가려면 온몸이 얼어붙던 시절, 아버지의 마음을 새긴 아들은 그래도 돌아오는 겨울 산길이 따뜻했다고 술회한다.

이렇게 사랑은 배우는 것이다. 이렇게 사랑을 배운 사람만이 사랑을 나눠줄 수 있다. 그런데 혈연으로 맺어지지 않아도 나에게 사랑을 베푸는 사람들도 있다. 앞날이 어찌 될지 모르면서도 '마음과 마음이 닿을 즈음 / 식당 하는 총각에게 딸을 보낼 수 없다하여 / 데레사집 문턱에서 넘어지고 말았다 / 손 내밀어 나를 일으킨'(「원석이 금강석 되던날」) 아내가 그런 사람이며, 소리꾼 이 선생이 그런 사람이다.

    소리의 길
    남도의 흥 그의 열정은
    쌀이 떨어져도 며칠을 굶어도
    목마름은 소리로 채워지네

파킨슨의 떨림 앞에 그는 말했네
소리가 약이여
매주 토요일 오십 리 길 단걸음에
달려와 신명나게 전해주는 그 마음
골짜기를 넘어
내 가슴에 깊이 새겨지네

— 「소리꾼 이 선생」 전문

박원석 시인은 파킨슨을 지니고 있다.(시 「애환」 참조) 그런 그의 회복을 위해 자신이 지니고 있는 재능을 아낌없이, 조건 없이 베푸는 이 선생은 단걸음에 그에게 온다. 어디 그뿐인가, 사제 서품을 며칠 앞두고 사고를 당해 한 팔을 잃고 평생 교회 사무장으로 봉직하신 분의 무언의 가르침도 시인에게는 무엇과도 비교할 수 없는 사랑의 베품이다.

사제 서품을 며칠 앞두고 기차에서 내리다 그만 한쪽 팔을 잃어
한 손으로 성작을 들 수 없어 사제 서품을 받지 못하고
성당 사무실에서 사십 년을 봉직하고 정년퇴직하신
또 하나의 예수님 작은 성자
잃어버린 한쪽 팔의 균형을 가슴으로 맞춘
그 얼굴엔 오직 평화롭고 밝은 빛

— 「애환」 부분

3.

　역경이 없는 사람은 없다. 한 생을 지나오다 보면 우여곡절을 겪고 새옹지마의 국면도 만난다. 시「원점」에서 시인은 삶이 극즉반極則反, 극에 달하면 돌아가는 것이 삶의 이치라고 하면서 이렇게 말한다. "아직 돌아가지 못한 건 욕심뿐!"이라고. 욕심의 범위를 어디까지로 정해야 하는 문제가 따르지만 일확천금을 노리거나 헛된 망상을 꿈꾸지 않는다면 욕심은 삶의 에너지가 될 수 있다. 말하자면 시집 『구례 가는 길』에 수록된 웃음치료에 관한 「웃음운동」, 「웃음 소통법」, 「웃음합창단」, 「웃음 잔치」와 같은 시들, 하느님께 바치는 수많은 기도문 들, 그리고 반드시 언급해야 할 시 「김치 돈키호테」를 읽어보면 시인의 건강한 욕심이 드러나고 있음을 알 수 있다.

　　맵고도 짜게, 또 시계도 묵어
　　긴 세월 동안 익어온 김치
　　젊은 날의 무모한 꿈과
　　쓰라린 실패의 기억이 어우러진 그 맛
　　한때는 기무치로 불릴 뻔했던 이름
　　해외 먼 곳에서도 빛바래지 않기를 바란
　　김치의 정체성을 지키려는 불타는 고집
　　그 길을 걷기 위해 얼마나 많은 밤을 새웠던가
　　뜨거운 열정으로 새웠던 큰 집도

찬란한 한정식집 고려정도 사라졌지만
김치, 그 맛은 결코 사라지지 않고
내 가슴속 불씨는 아직 타오르네
약령시장 한 모퉁이, 다시 찾아온 자리
설렁탕 한 그릇 곁들여 나누는 깊은 맛
주인공은 아니지만 없어서는 안 될 한 조각 김치
소박한 김치 깍두기
이 조화를 위한 노력에 평생을 걸었다
오늘도 김치를 버무리고 있다

– 「김치 돈키호테」 전문

시인이 박원기라는 이름을 걸고 설렁탕 가게를 하고 있는 것은 진즉 알았지만 그가 우리의 음식 김치에 열정을 바치고 있음을 알지 못했다. 큰 음식점 문을 닫는 고통을 겪으면서도 김치의 맛을 지키기 위해 온 힘을 다하겠다는 욕심은 욕심이 아닌 열정이다.

하나의 목표에 매진하려는 시인의 열정은 수많은 첫사랑에 바치는 독백으로도 나타난다. 이성에 눈뜬 사춘기의 풋사랑을 전 생애에 걸쳐 갈구한다는 것의 의미는 무엇일까? 이미 지나가버렸고, 완성될 수도 없는 일방적인 마음을 사랑이라고 할 수 있을까? 우연히 교무실에 마주친 순간의 섬광 같은 끌림을 사랑이라고 할 수 있을까? 스스로 바보 같다고 하면서 기다리는 마음을 순정이라고 할 수 있을까?

>만나자고 약속한 화엄사 일주문
>약속 시간 일요일 오후 두시
>두근거리는 맘으로 일주문이 보이는 나무 뒤에 숨어서
>열두 시부터 나와 기다리는데
>두 시가 지나고
>네 시가 지나고
>해지는 다섯 시가 되어도 기다리는 사람 보이지 않고
>산사의 목탁 소리만 바람결에 들려오더라
>
>－「행복한 기다림」 전문

시 읽기의 난점은 시가 사실을 이야기한다고 믿는 것이다. 엄밀히 말해서 시는 사실에 기반한 허구이다. 다시 말하면 이 시의 화자가 시인 자신이라고 판단한다면 이 시는 바람 맞은 이야기에 그쳐버린다. 이 시에서 유념해야할 것은 일주문 뒤애 숨어서 두근거리는 마음이다. 때 묻지 않은 푸릇한 청년의 마음!

>매화 향기 가득한
>겨울에 그녀를 만났다
>함박눈 맞으며 말없이 걸었다
>손 한번 잡아보지 못하고 한참을 걸었다

어느새 꽃진 자리에 청매실 열렸다

— 「매화 향기」 전문

　이 시는 「행복한 기다림」보다 시적 완성도가 높은 작품이다. 매화꽃이 피고 꽃 지고 매실이 열릴 때까지 손 한 번 잡지 않고 걸었다는 침묵은 보이지 않는 사랑의 종말이 아니겠는가! 시인은 성모 마리아를 추앙하는 교인이다. 세속적 관점에서 시로 표출된 사랑시는 용납될 수가 없다. 그러나 시인이 바치는 연시는 성인에 비견할 수는 없어도 지고지순한 존재를 향하고 있음은 분명하다. 갈구는 하되 범접할 수 없는 존재의 기억이 살아있을 뿐이다.

문척 윗동네 원기 살았다
문척 아랫동네 순이 살았다
등굣길 비 많이 와 개울을 건널 수 없었다
용감한 원기, 바지 걷어 올리고
등 내밀어 순이를 업어서 개울을 건넜다
원기 힘든 줄도 모르고 좋아했다
이제 주름진 이마만큼 원기 등 작아졌지만
따뜻했던 순이 체온 아직 원기 등에 남아있다

— 「풋사랑」 전문

사랑은 주고 받는 것일까? 시인은 단지 자신의 등에 남아있는 따뜻했던 순이의 체온이 사랑이라고 믿는다. 순이가 원기를 사랑해서 따뜻한 것이 아니라 의미 없이 따뜻해서 애틋한 것이다. 그래서 시인은 그리워하되 애통해하지 않는다. 손녀를 대상으로 한 여러 편의 시들이 사랑은 받기 위해 하는 것이 아니라 대가 없이 주는 것임을 보여주듯이 시인의 연시들도 건강한 욕심, 건강한 열정이라고 생각되는 것이다.

    네 살된 외손녀 지은이
    할아버지 술래
    나는 할아버지 방에 숨는다
    꼭꼭 숨어라
    머리카락 보인다
    다 숨었니?
    예 할아버지 삼춘방에 숨었어요
    꼭꼭 숨어라
    머리카락 보인다
    다 숨었니?
    예 할아버지 거울 안에 숨었어요

                                     -「천국」 전문

어린 아이들에게는 때 묻지 않은 천진함이 있다. 상대방의 의도를 읽고, 그에 따라 행동하는 것이 아니라 결과를 예측하지 않는- 못하는- 행동이 있다. 천국은 하늘에 있는 것이 아니라 우리들의 마음 속에 있는 것이 아닐까. 불교에서는 일체유심조一切唯心造, 모든 세상일이 마음에 따라 일어나고 소멸하는 것이라고 말한다. 발도 없는 마음이 제멋대로 이곳저곳을 떠다닐 때 번뇌가 일어나는 것이라고 말한다.

시집『구례 가는 길』은 박원석 시인이 읊은 사랑의 순례길이다. 구례는 시인이 태어나고 자란 고향일 뿐만 아니라 보상을 바라지 않는 사랑을 배운 교과서이고 미완성이기에 그리움으로 각인되는 주는 사랑의 기쁨과 슬픔을 키운 경작지이다. 그리하여 사랑은 헌신獻身이라는 굳건한 믿음에 매달리는 것임을 깨닫는다.

    패랭이꽃 한 송이 피우기 위해
    태양이 매달리고
    바람이 매달리고
    빗방울이 매달린다

    한 편의 시詩가
    패랭이 꽃송이처럼 피어나기 위해
    부모님이 매달리고

형님 두 분이 매달리고
누나 두 분이 매달리고
친구 양박사가 매달리고
누구보다 곁에서 온 힘을 다해
헌신해온 아내가 매달렸다

-「매달리고」전문